BEI GRIN MACHT SICH IHR
WISSEN BEZAHLT

Bibliografische Information der Deutschen Nationalbibliothek:

Die Deutsche Bibliothek verzeichnet diese Publikation in der Deutschen National-
bibliografie; detaillierte bibliografische Daten sind im Internet über http://dnb.d-
nb.de/ abrufbar.

Impressum:

Copyright © 2016 GRIN Verlag, Open Publishing GmbH
Druck und Bindung: Books on Demand GmbH, Norderstedt Germany
ISBN: 9783668337848

Dieses Buch bei GRIN:

http://www.grin.com/de/e-book/343447/aufwandsschaetzung-mit-use-case-points-
manipulation-durch-subjektivitaet

Felix Mausberg

Aufwandsschätzung mit Use Case Points. Manipulation durch Subjektivität

GRIN Verlag

GRIN - Your knowledge has value

Der GRIN Verlag publiziert seit 1998 wissenschaftliche Arbeiten von Studenten, Hochschullehrern und anderen Akademikern als eBook und gedrucktes Buch. Die Verlagswebsite www.grin.com ist die ideale Plattform zur Veröffentlichung von Hausarbeiten, Abschlussarbeiten, wissenschaftlichen Aufsätzen, Dissertationen und Fachbüchern.

Besuchen Sie uns im Internet:

http://www.grin.com/

http://www.facebook.com/grincom

http://www.twitter.com/grin_com

FOM – Fachhochschule für Oekonomie & Management

Essen

Berufsbegleitender Studiengang Wirtschaftsinformatik

4. Semester

Hausarbeit im Fach „Software Engineering"

Aufwandsschätzung mit Use Case Points

-

Manipulation durch Subjektivität

Neuss, den 15.08.2016

INHALTSVERZEICHNIS

ABKÜRZUNGSVERZEICHNIS

Bh	Bearbeiterstunden
PE	Project Effort
PF	Produktivitätsfaktor
UAW	Unadjusted Actor Weight
UCP	Use Case Point
UUCP	Unadjusted Use Case Weight

TABELLENVERZEICHNIS

ABBILDUNGSVERZEICHNIS

FORMELVERZEICHNIS

1 EINLEITUNG

1.1 AKTUALITÄT DES THEMAS

Anwendungsprogramme werden immer komplexer, Softwareproduktion immer aufwändiger und die damit verbundenen Aufwandsschätzungen in Projekten immer schwieriger, unübersichtlicher und schlussendlich deutlich riskanter. Im Jahr 2009 wurden, laut der Chaos Studie der Standish Group, nur 32%[1] der IT-Projekte erfolgreich, also ohne Zeitverzug und höhere Kosten, als anfangs geschätzt, abgeschlossen.

1.2 PROBLEMSTELLUNG UND ZIELSETZUNG DER ARBEIT

Die Anfang der 1990er Jahre entwickelte Aufwandschätzmethode von Gustav KARNER[2] basiert auf zu einem Softwareprojekt entwickelten Use Cases und errechnet auf diesen Angaben eine Bearbeitungsdauer. 2010 wurde diese Methode in der Dissertation von Stephan FROHNHOFF weiterentwickelt. FROHNHOFF modifizierte die Methode in Hinblick auf viele Kriterien um sie präziser und moderner zu gestalten. Die Modifizierungen fanden größtenteils in der Berechnung, den Formeln und den Gewichtungen statt. Das ehemalige Kostenfaktormodell, das in Kapitel 2.3 näher erläutert wird, wurde komplett überarbeitet. Ein Kritikpunkt, der in dieser Arbeit problematisiert wird, konnte nicht beseitigt werden:

Die Methode ist in Bezug auf ihre Formeln und Gewichtungen ausgezeichnet durchdefiniert. Dennoch wurde das größte Problem, dass Use Cases und ihre Transaktionen, je nach Ersteller individuell ausführlich, komplex und groß ausfallen, nicht gelöst. Es wird der These nachgegangen, dass man, sofern man diese Methode kennt, durch schriftliche Veränderungen der Use Case oder durch minimale Änderungen in subjektiven Bewertungen, das Endergebnis sehr leicht manipulieren kann.

1.3 METHODISCHES VORGEHEN UND AUFBAU DER ARBEIT

Die Seminararbeit bezieht sich primär auf die Dissertation FROHNHOFFS, da diese den aktuellen Stand der Forschung widerspiegelt. Sie besteht neben den Verzeichnissen und der Einleitung aus vier großen Teilen. Zuerst wird auf den aktuellen Stand der Forschung eingegangen. Es wird die Entwicklung der Methode UCP 3.0 erläutert und die Methode selber wird erklärt. In Kapitel **Fehler! Verweisquelle konnte nicht gefunden werden.** wird die Problemstellung näher erörtert und mit Hilfe eines Beispiels untersucht. Das Ergebnis wird in

---

[1] Vgl. EVELEENS, L.; VERHOEF, C. (2010), S. 31
[2] Vgl. KARNER, G.(1993), S. 1

Kapitel 4 zusammengefasst. In Kapitel 5 wird das Vorgehen und das Ergebnis in Bezug auf die Anfangs gestellte Hypothese reflektiert.

2 STAND DER FORSCHUNG

2.1 DEFINITION USE CASE

Als Basis der Use-Case-Point Methode zur Aufwandsschätzungen von Softwareentwicklungsprojekten dienen die Use Cases. Als Use Cases wird das beschrieben, was entsteht wenn ein Benutzer mit dem System interagiert.[3] Das System hat hierbei das Ziel eine Aufgabe für den User zu bearbeiten und zu lösen. Diese Aufgabe besteht aus mehreren einzelnen Schritten, sogenannten Transaktionen. Ein Use Case umfasst alle Szenarien die das System prozessual abbilden muss, die nötig sind, um die Anfrage des Benutzers zu lösen und stellt einen Vertrag zwischen den Stakeholdern dar.[4]

Ein Use Case besteht nach FROHNHOFF aus folgenden Elementen:[5]

Titel	ist der Name des Use Cases.
Kurzbeschreibung	beschreibt den Use Case in wenigen Worten.
Ziel	beschreibt das Ziel, das ein Benutzer verfolgt, den Use Case durchzuführen.
Actor	ist ein technischer oder menschlicher Nutzer des Systems, der für den Use Case eine Rolle spielt.
Auslöser	ist eine fachliche Ursache, die den Beginn des Use Cases einleitet.
Vorbedingung	ist eine Voraussetzung die erfüllt sein muss, damit der Use Case funktioniert.
Szenarien	sind einzelne Möglichkeiten wie der Use Case verlaufen kann. Sie bestehen aus einzelnen Schritten, den sogenannten Transaktionen. Es gibt genau ein **Erfolgsszenario**, welches den fehlerfreien Erfolgsfall darstellt und teilweise mehrere **Alternativszenarien,** die Spezialfälle bspw. fachliche Fehlerfälle abdecken.
Ergebnis	beschreibt alle Änderungen an Entitäten, die durch den Use Case entstehen.

---

[3] Vgl. COCKBURN, A. (2006), alistair.cockburn.us
[4] Vgl. COCKBURN, A. (2000), S. 1
[5] Vgl. FROHNHOFF, S. (2009), S. 40

Ausführungshäufigkeit	beschreibt, wie häufig der Use Case ausgeführt wird.
NFA	(Nicht-Funktionale-Anforderungen) werden, wenn sie explizit für den Use Case gelten, hier vermerkt.
Bemerkungen	enthalten alle weiteren Kommentare, die für den Use Case relevant sind.

2.2 HERKUNFT DER USE-CASE-POINT-METHODE

Die Einschätzungen von Aufwänden für die Erstellung einer Software gestalten sich, auf Grund der komplexen und vielzähligen Faktoren als sehr kompliziert. So haben die Anforderungen des Users an die Software genauso Einfluss auf den Umfang und den Aufwand des Projektes, wie die Erfahrung der Programmierer und Projektmitarbeiter, die Individualität der Software, die zu programmierenden Klassen und Schnittstellen und Vieles mehr. All diese Größen haben einen Einfluss auf den Aufwand, der betrieben werden muss, um ein Softwareprojekt durchzuführen.

Ein großes Problem ist an dieser Stelle, dass viele Größen nicht, oder nur schwer messbar sind. Mit dem Ziel, diese Faktoren greifbar zu machen, wurde Anfang der 1990er Jahre eine Schätzmethode auf Basis des Use Cases einer Software erstellt. Gustav KARNER entwickelte diese Methode im Rahmen seiner Diplomarbeit in Zusammenarbeit mit der Firma Objectory AB[6]. KARNER teilte, für den Aufwand relevante, Informationen, Zahlenwerte und Regeln zu, aus denen der Gesamtaufwand zur Erstellung der Software berechnet werden kann[7]. Diese Methode wurde 2008 durch Stephan FROHNHOFF in seiner Masterarbeit und 2009 in seiner Doktorarbeit in Zusammenarbeit mit Capgemini sd&m jeweils auf den Stand UCP 2.0 und UCP 3.0 modifiziert.[8] Hierbei wurden die Werte der einzelnen Faktoren abgeändert und den heutigen Standard angepasst sowie eine UCP-Sprache entwickelt. Diese vereinfacht das Mapping von textuellen Use Cases zu einer, für die Use-Case-Point Methode nutzbaren Sprache

FROHNHOFF überarbeitete die Gewichtungen der Einflüsse von Akteuren und Transaktionen und unterteilte letztere in Dialoge, Szenarien und Schritte, um eine detailliertere Analyse und Auswertung der Use Cases zu ermöglichen.

---

[6] Vgl. KARNER, G. (1993), S. 1
[7] Vgl. DEKANENKO, O. (2007), S. 29
[8] Vgl. DUMKE, R.; SCHMIETENDORF, A.; SEUFERT, M.; WILLE, C. (2014), S. 91

2.3 BESCHREIBUNG DER ANWENDUNG

Da die Use-Case-Point Methode auf der Basis von den zu implementierenden Use Cases einer Softwareanwendung läuft, werden für eine Durchführung dieser Methode alle relevanten Use Cases der zu implementierenden Anwendung benötigt.

Ziel der Anwendung ist, die zu erwartende Bearbeitungsdauer, den Project Effort (PE) des Software Projektes in Bearbeiterstunden (Bh) zu berechnen. Abbildung 1 zeigt die Zusammenhänge der einzelnen Elemente, aus denen der Aufwand errechnet wird. PE ist das Produkt aus den A-, M- und T-Faktoren sowie aus dem Produktivitätsfaktor. Der A-Faktor widerum entsteht durch die Addition der Gewichtung der Actors in Points und der Gewichtung der Szenarien/Schritte/Dialoge in Points.

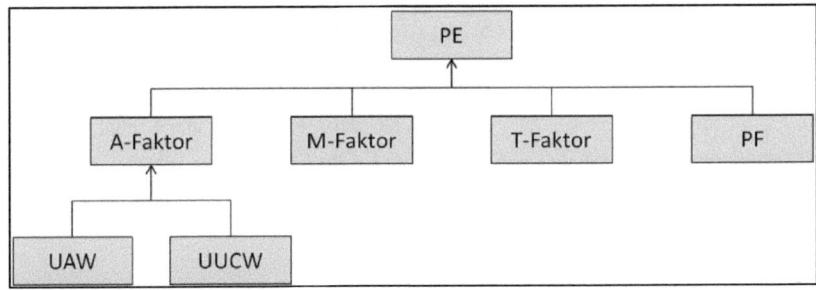

Abbildung 1: Elemente von UCP 3.0[9]

Im Folgenden werden die einzelnen Elemente und ihre Berechnung näher erläutert.

UAW[10,11] steht für „Unadjusted Actor Weight" und stellt die Points dar, die durch die Anzahl und Komplexität der, an dem Use Case beteiligten Actors, entstehen. Hierfür werden die Actors nach folgendem Schema bewertet:

Handelt es sich um einen menschlichen Actor werden automatisch 3 Points vergeben. Bei technischen Actors gilt die Regel, dass, wenn mindestens 1 Kriterium als komplex gilt, 2 Points gegeben werden. Gelten alle 3 Kriterien als komplex werden 3 Points vergeben. In allen anderen Fällen wird 1 Point vergeben.

UUCW[12,13] steht für „Unadjusted Use Case Weight" und stellt die Points dar, die durch die Anzahl der im Use Case vorkommenden Szenarien/Schritte/Dialoge entstehen. Für die Vergabe von Points an Szenarien, Schritten und Dialogen gilt folgende Tabelle:

---

[9] Vgl. FROHNHOFF, S. (2009), S. 142f
[10] Vgl. FROHNHOFF, S.; KEHLER, K.; DUMKE, R. (o. D.), S. 3
[11] Vgl. HUMMEL, O. (2011), S. 57

Anzahl Szenarien	Anzahl Schritte	Anzahl Dialoge	vergebene Points
1	2 - 4	1	1
2	5 - 7	2 - 3	2
3	8 - 10	4	3
4	11 - 13	5	4
5	14 - 16	6 - 7	5
6	17 - 19	8	6
...	...	...	...

Tabelle 1: Bewertungsskala für Szenarien/Schritte/Dialoge[14]

A-Faktor wird durch die Summe der UAW und UUCW berechnet. Er stellt den Aufwand der funktionalen Anforderungen in Points dar.

M-Faktor steht für Management-Faktor und wird aus der Gewichtung und Komplexität der Einflussgrößen der Projektorganisation und des Projektumfeldes gebildet. Die nach KARNER 64 definierten Kriterien wurden in UCP 3.0 auf die 10 wichtigsten Kriterien reduziert und bilden den M-Faktor.

---

[12] Vgl. FROHNHOFF, S.; KEHLER, K.; DUMKE, R. (o. D.), S. 3
[13] Vgl. HUMMEL, O. (2011), S. 57
[14] FROHNHOFF, S. (2009), S. 60f

M_i	Einflussgröße	W_i	i	Min	Max
M1a	Leistung/Fähigkeit fachliche Chefdesigner (FCD)	3,6	1	0,93	1,07
M1b	Leistung/Fähigkeit technische Chefdesigner (TCD)	3,6	2	0,93	1,07
M2	Zusammenarbeit	4,0	3	0,92	1,08
M3	Kontinuität Mitarbeiter	2,7	4	0,95	1,05
M4a	Qualität der Grobspezifikation	2,0	5	0,96	1,04
M4b	Qualität der T-Architektur	1,0	6	0,98	1,02
M5	Prozess-Overhead	25,0	7	0,50	1,75
M6	Termindruck	1,0	8	0,98	1,02
M7	Stabile Anforderungen	13,0	9	0,74	1,39
M8	Anzahl Ansprechpartner	1,0	10	0,98	1,02
M9	Integrationsabhängigkeit	4,3	11	0,91	1,09
M10	Reifegrad	1,0	12	0,98	1,02

Tabelle 2: M-Faktor Kriterien[15]

T-Faktor, nach KARNER „Technical Complexity Factor", stellt die Einflussgrößen der technischen Anforderungen dar, die in Tabelle 3 gelistet sind. W_i ist hierbei der Gewichtungsfaktor, mit dem die Bewertung (1-5 Points) pro Kriterium in den T-Faktor einfließt.

---

[15] Vgl. FROHNHOFF, S. (2009), S. 140

6

T_i	Einflussgröße	W_i	i	Min	Max
T1	Verteiltes System	2,0	1	0,96	1,04
T2	Performanz und Lastanforderungen	1,0	2	0,98	1,02
T3	Effizienz der Benutzungsschnittstelle	1,0	3	0,98	1,02
T5	Wiederverwendbarkeit	1,0	4	0,98	1,02
T6	Installationsfreundlichkeit	0,5	5	0,99	1,01
T7	Benutzerfreundlichkeit	0,5	6	0,99	1,01
T8	Portabilität	2,0	7	0,96	1,04
T9	Variabilität	1,0	8	0,98	1,02
T10	Verfügbarkeit	1,0	9	0,98	1,02
T11	Sicherheitsanforderungen	1,0	10	0,98	1,02
T12	Systemnutzung durch Dritte	1,0	11	0,98	1,02
T15	SEU, Programmiersprache (Gearingfaktor)	1,3	12	1,00	1,38

Tabelle 3: T-Faktor Kriterien[16]

Produktivitätsfaktor (PF) ist ein Faktor, der von Unternehmen zu Unternehmen unterschiedlich ist und für jedes Unternehmen individuell angepasst werden muss.

---

[16] FROHNHOFF, S. (2009), S. 140

3 UNTERSUCHUNG

3.1 AUSGANGSLAGE

3.1.1 ERSTELLUNG DES USE CASE

Da es in Kapitel 3 um die Manipulation innerhalb der Methode UCP 3.0 geht, wird in nachfolgenden Szenarien vorausgesetzt, dass den Teammitgliedern sowie den Stakeholdern die Methode und Begrifflichkeiten bekannt sind.

Um die Funktionsweise von UCP 3.0 genau verstehen und die Probleme besser nachvollziehen zu können, wird an Hand eines einfachen Use Case die Use Case Point Methode 3.0 durchgeführt. Tabelle 4 zeigt den Use Case „Ticket kaufen“:

Titel	Ticket kaufen
Kurzbeschreibung	Kunde möchte ein Bahnticket kaufen
Actor	Kunde (reale Person)
Auslöser	Kunde möchte mit der Bahn fahren
Vorbedingung	System ist hochgefahren und Betriebsbereit

Szenarien	❖ Erfolgsszenario:
	  ➤ Kunde aktiviert Bildschirm
	  ➤ Kunde tippt auf „Ticket kaufen"
	  ➤ Kunde wird aufgefordert 2,00€ zu zahlen
	  ➤ Kunde wirft 2,00€ ein
	  ➤ Ticket wird gedruckt
	❖ Alternativszenario
	  ➤ Kunde aktiviert Bildschirm
	  ➤ Kunde tippt auf „Ticket kaufen"
	  ➤ Kunde wird aufgefordert 2,00€ zu zahlen
	  ➤ *Kunde wirft mehr als 2,00€ ein*
	  ➤ *Restgeld wird ausgegeben*
	  ➤ Ticket wird gedruckt
	❖ Alternativszenario
	  ➤ Kunde aktiviert Bildschirm
	  ➤ Kunde tippt auf „Ticket kaufen"
	  ➤ Kunde wird aufgefordert 2,00€ zu zahlen
	  ➤ *Kunde wirft weniger als 2,00€ ein*
	  ➤ *Kunde wird aufgefordert abzubrechen*
	  ➤ *Kunde bricht ab*
	  ➤ *Eingeworfenes Geld wird ausgegeben*

Ergebnis	Das verkaufte Ticket wird in der Datenbank hinterlegt
Ausführungshäufigkeit	Mehrmals pro Stunde
NFA	Das System muss Absturzsicher sein, da sonst Kundengeld einbehalten wird
Bemerkungen	---keine---

Tabelle 4: Use Case "Ticket kaufen"[17]

3.1.2 BERECHNUNG DES BEARBEITUNGSAUFWANDS

Analog zu der Darstellung in Abbildung 1 werden nun die einzelnen Faktoren berechnet und anschließend multipliziert.

---

[17] Vgl. COCKBURN, A. (2006), alistair.cockburn.us

Schritt 1: Berechnung des A-Faktors:

Der Use Case besteht aus insgesamt 3 Szenarien, 11 verschiedenen Schritten und 3 Dialogen (Aufforderung 2,00€ zu zahlen und Aufforderung mehr Geld einzuwerfen). Gemäß Tabelle 1: Bewertungsskala für Szenarien/Schritte/Dialoge ergeben sich 9 UUCP (3 Szenarien = 3 Points, 11 Schritte = 3 Points, 2 Dialoge = 2 Points). Es gibt einen Actor, den Kunden, was zu 3 UAW führt. Der A-Faktor (UAW+UUCP) beläuft sich somit auf 12.

Schritt 2: Berechnung des M- und T-Faktors:

Da es sich um ein Beispiel handelt wird an dieser Stelle fiktiv für alle Kriterien der Wert 3 eingesetzt. Die Konstante c wird mit 0,01 geführt. So berechnet sich der M-Faktor wie folgt:

$$M - Faktor = \prod_{i=1}^{12}(1 + 0,01 * (M_i - 3) * W_i) = 1$$

Formel 1: M-Faktor Berechnung[18]

Selbige Formel wird für den T-Faktor angewandt:

$$T - Faktor = \prod_{i=1}^{12}(1 + 0,01 * (T_i - 3) * W_i) = 1$$

Formel 2: T-Faktor Berechnung[19]

Schritt 3: Berechnung des PF

Aus den in Schritt 2 genannten Gründen wird der Produktivitätsfaktor an dieser Stelle auf 1 gesetzt.

Schritt 4: Berechnung des Bearbeitungsaufwandes:

Der Bearbeitungsaufwand ist, wie in Abbildung 1 dargestellt, das Produkt aus den 3 Faktoren und dem PF. So ergibt sich für den Bearbeitungsaufwand folgendes Ergebnis:

$$PE = 5 * A - Faktor * T - Faktor * M - Faktor * PF = 60$$

Formel 3: Bearbeitungsaufwand Berechnung[20]

Für die Realisierung des Anfangs aufgezeigten Use Cases werden insgesamt gut 60 Bearbeiterstunden benötigt.

---

[18] Vgl. FROHNHOFF, S. (2009), S. 143
[19] Vgl. FROHNHOFF, S. (2009), S. 143
[20] Vgl. FROHNHOFF, S. (2009), S. 142

3.2 MANIPULATION DURCH UMFORMULIERUNG DES USE CASE

FROHNHOFF entwickelte in seiner Dissertation mehrere Aspekte der Methode nach KARNER weiter. So führte er eine neue Kostenfaktorrechnung ein, um die Methode den modernen Gegebenheiten anzupassen und entwickelte ein Sprachmapping, welches die Begrifflichkeiten der Spezifikationen von Use Cases in die UCP Sprache einheitlich übersetzt. Dies ist ein großer Schritt in die Richtung gewesen, die unstrukturierte Sprache in Modellierungsansätzen zu normen. Das Problem, das aber bisher nicht gelöst werden konnte, ist das der Standardisierung in der Erstellung der Use Cases[21,22]. So hat jeder Autor von Use Cases einen gewissen Freiraum, wie detailliert er die Schritte eines Szenarios fasst, was eine große Auswirkung auf die daraus resultierenden UUCP haben kann. Es gibt keine klaren Regeln zur Erstellung von Szenarien, Dialogen und vor allem Schritten.

Der In Kapitel 0 erstellte Use Case kann beispielsweise schriftlich verändert werden, ohne ihn inhaltlich zu ändern. Im Nachfolgenden ist eine Variante des Teils „Szenarien" des Use Cases dargestellt, die inhaltlich identisch mit dem Original ist.

Erfolgsszenario	Alternativszenario	Alternativszenario
➤ Kunde aktiviert Bildschirm	➤ Kunde aktiviert Bildschirm	➤ Kunde aktiviert Bildschirm
➤ Kunde tippt auf „Ticket kaufen"	➤ Kunde tippt auf „Ticket kaufen"	➤ Kunde tippt auf „Ticket kaufen"
➤ Kunde wird aufgefordert 2,00€ zu zahlen	➤ Kunde wird aufgefordert 2,00€ zu zahlen	➤ Kunde wird aufgefordert 2,00€ zu zahlen
➤ Kunde wirft Geld ein	➤ Kunde wirft Geld ein	➤ Kunde wirft Geld ein
➤ Betrag wird überprüft	➤ Betrag wird überprüft	➤ Betrag wird überprüft
➤ Ticket wird gedruckt	➤ *Restgeld wird ausgegeben*	➤ *Kunde wird aufgefordert abzubrechen*
	➤ Ticket wird gedruckt	➤ *Kunde bricht ab*
		➤ *Eingeworfenes Geld wird ausgegeben*

Tabelle 5: Szenario-Variante des Use Cases

---

[21] Vgl. FROHNHOFF, S.; KEHLER, K.; DUMKE, R. (o. D.), S. 12
[22] Vgl. DUMKE, R.; SCHMIETENDORF, A.; SEUFERT, M.; WILLE, C. (2014), S. 101

Zählt man hier die Schritte, so kommt man auf insgesamt 9 verschiedene Schritte. Nun wird nach Abbildung 1 die gleiche Rechnung wie in Kapitel 0 durchgeführt. Nach Berechnung des A-Faktors (11 UCP) und Multiplikation mit den anderen unveränderten Faktoren ergibt sich nun eine Bearbeitungszeit von 55 Bh. Im Vergleich zu einer vorher prognostizierten Zeit von 60 Bh ist dies eine Reduzierung um immerhin 8,33%, die ausschließlich durch eine Änderung in der Formulierung bei der Beschreibung des Use Cases resultiert.

3.3 MANIPULATION DURCH SUBJEKTIVE BEWERTUNG

Der zweite Kritikpunkt, der eine einfach durchzuführende Manipulation der Methode in Bezug auf das Ergebnis ermöglicht, ist der, der individuellen Bewertung[23,24]. FROHNHOFF greift mit den M- und T-Faktoren die äußerlichen und technischen Einflussfaktoren auf das entsprechende Entwicklungsprojekt auf. Er gibt ebenfalls zu jedem der Punkte einen Leitfaden an, der der Bewertung dieses Punktes dienen soll und die Ordinalskala von 1 bis 5 beschreibt. Dennoch handelt es sich hierbei ausschließlich um Beispielwerte, wie er sie auch selber beschreibt. Die Bewertung 1 bis 5 ist somit absolut subjektiv und kann nicht nur durch Unwissenheit grob falsch geschätzt werden. Zieht man das Anwendungsbeispiel aus Kapitel 0 heran, und ändert hier die Bewertung des Punktes M3 (Mitarbeiterkontinuität) von 3 auf 4, so wirkt sich dies auf die PE mit einer Reduzierung von 2,7% bzw. mehr als 1 ½ Stunden aus.

4 ERGEBNIS

In Kapitel 0 wurde Anhand der vorher aufgestellten Kriterien ein Use Case erstellt, sowie, mit Hilfe der Methode UCP 3.0 der Aufwand, den es bedarf, den Use Case zu implementieren, errechnet. In den beiden nachfolgenden Kapiteln wurde auf die zwei Hebel eingegangen, an denen man mit Hilfe von Subjektivität das Ergebnis manipulieren kann. Es wurde errechnet, welche Auswirkungen minimalste Änderungen haben. Zuerst wurde eine Änderung durchgeführt, die nichts mit den fachlichen Anforderungen, sondern nur mit der Formulierung zu tun hat. Durch die Umformulierung wurde sprachlich ein weiterer Schritt im Use Case hinzugefügt, was zu einer Schätzvariation von über 8% führte. Im zweiten Fall wurde die subjektive Bewertung an Hand einer Ordinalskala aufgegriffen. Hier wurde exemplarisch die Einschätzung der Mitarbeiterkontinuität um 1 Wert erhöht. Dies hatte eine Schätzvariation von knapp 3% zur Folge.

---

[23] Vgl. BANERJEE, G. (2001), S. 6
[24] Vgl. FROHNHOFF, S.; JUNG, V.; ENGELS, G. (o. D.), S. 2

5 DISKUSSION

5.1 SCHLUSSFOLGERUNG

Abschließend lässt sich festhalten, dass jegliche minimale Änderung in den nicht genormten Parametern der Methode einen nicht geringen Einfluss auf das Schätzergebnis hat. Die Tatsache, dass durch bloße Umformulierung der Use Case schon bei einem Use Case eine Abweichung von mehr als 8% aufweist, zeigt, dass das Ergebnis sowohl gewollt, als auch ungewollt leicht manipulierbar ist.

5.2 AUSBLICK

In seiner Dissertation hat FROHNHOFF die Aufwandschätzung durch UCP deutlich vorangetrieben und optimiert. Doch schon hier hat er angemerkt, dass für eine empirische Validierung und erneute Weiterentwicklung noch zu wenige Projektdaten zur Verfügung stehen. Im Rahmen dieser Hausarbeit ist es nicht möglich auf eine Projektdatenbank zurückzugreifen bzw. sie auszuwerten. Um die, in dieser Arbeit exemplarisch bewiesenen Thesen empirisch zu beweisen werden mehr Ressourcen in Form von Zeit, Personen und Projekten benötigt, um eine ausreichende Anzahl an Vergleichswerten zu bekommen. Der nächste Schritt, zur Behebung dieser Schwachstelle stellt eine Normung bzw. Standardisierung der Use Cases und den Bewertungskriterien der externen Technik- und Managementeinflüsse dar. Also keine direkte Änderung an der Methode selber, sondern in den Eingabeparametern.

5.3 REFLEXION

Zu Beginn der Arbeit wurde die These aufgestellt, dass man, sofern man die Methode UCP 3.0 kennt, durch schriftliche Veränderungen der Use Case oder durch minimale Änderungen in subjektiven Bewertungen, das Endergebnis sehr leicht manipulieren kann. Durch die detaillierte Erstellung eines Beispiels ist es gelungen, die These zu validieren.

LITERATURVERZEICHNIS

BANERJEE, Gautam (2001):

Use Case Points

o. O.: 2001

COCKBURN, Alistair (2000):

Writing Effective Use Cases.

o. O.: Addison-Wesley, 2001

COCKBURN, Alistair (2006):

Use case fundamentals.

http://alistair.cockburn.us/Use+case+fundamentals (19.07.2016 19:14)

DEKANENKO, Olga (2007):

Konzeption und Implementation eines web-basierten Tools zur Aufwandschätzung mittels der Use-Case-Points Methode.

Magdeburg: Otto-Von-Guericke-Universität, 2007

DUMKE, Reiner; SCHMIETENDORF, Andreas; SEUFERT, Manfred; WILLE, Cornelius (2014):

Handbuch der Softwareumfangsmessung und Aufwandschätzung.

Berlin: Logos, 2014

EVELEENS, Laurenz; VERHOEF, Chris (2010):

The Rise and Fall of the Chaos Report Figures.

o. O.: IEEE Computer Society, 2010

FROHNHOFF, Stephan; JUNG, Volker; ENGELS, Gregor (2006):

Use Case Points in der industriellen Praxis.

o. O.: 2006

FROHNHOFF, Stephan (2009):

Use Case Points 3.0.

Paderborn: 2009

FROHNHOFF, Stephan; KEHLER, Karsten; DUMKE, Reiner (o. D.):

Modellbezogene Use-Case-Identifikation für die UCP-basierte Aufwandsschätzung.

o. O.: sd&m AG

HUMMEL, Oliver (2011):

Aufwandsschätzungen in der Software- und Systementwicklung kompakt.

Heidelberg: Spektrum, 2011

KARNER, Gustav (1993):

Resource Estimation for Objectory Projects.

o. O.: Kista, 1993

BEI GRIN MACHT SICH IHR WISSEN BEZAHLT

- Wir veröffentlichen Ihre Hausarbeit,
  Bachelor- und Masterarbeit

- Ihr eigenes eBook und Buch -
  weltweit in allen wichtigen Shops

- Verdienen Sie an jedem Verkauf

**Jetzt bei www.GRIN.com hochladen
und kostenlos publizieren**